THIS BOOK BELONGS TO:

_____

_____

_____

EMAIL US AT

press@freetofamily.com

TO GET FREE EXTRAS

Simply title the email
"The Grateful Family" and we will
send extra goodness your way!

GRATITUDE

Date: _____

(5) things I am grateful for today (keep it simple)

_____
_____
_____
_____
_____

AFFIRMATIONS

(5) things I want to happen (in the present tense)

_____
_____
_____
_____
_____

- doodle my day -

- today I am committed -

LOVE   SMILE   WATER   MOVE   SHINE

GRATITUDE

Date: _____

(5) things I am grateful for today (keep it simple)

_____

_____

_____

_____

_____

AFFIRMATIONS

(5) things I want to happen (in the present tense)

_____

_____

_____

_____

_____

- doodle my day -

- today I am committed -

LOVE   SMILE   WATER   MOVE   SHINE

GRATITUDE

Date: _____

(5) things I am grateful for today (keep it simple)

_____

_____

_____

_____

_____

AFFIRMATIONS

(5) things I want to happen (in the present tense)

_____

_____

_____

_____

_____

- doodle my day -

- today I am committed -

LOVE   SMILE   WATER   MOVE   SHINE

GRATITUDE

(5) things I am grateful for today (keep it simple)

_____

_____

_____

_____

AFFIRMATIONS

(5) things I want to happen (in the present tense)

_____

_____

_____

_____

_____

- doodle my day -

- today I am committed -

LOVE   SMILE   WATER   MOVE   SHINE

GRATITUDE

Date: _____

(5) things I am grateful for today (keep it simple)

_____

_____

_____

_____

_____

AFFIRMATIONS

(5) things I want to happen (in the present tense)

_____

_____

_____

_____

_____

- doodle my day -

- today I am committed -

LOVE SMILE WATER MOVE SHINE

GRATITUDE

Date: _____

(5) things I am grateful for today (keep it simple)

_____

_____

_____

_____

_____

AFFIRMATIONS

(5) things I want to happen (in the present tense)

_____

_____

_____

_____

_____

- doodle my day -

- today I am committed -

LOVE   SMILE   WATER   MOVE   SHINE

GRATITUDE

Date: _____

(5) things I am grateful for today (keep it simple)

_____

_____

_____

_____

_____

AFFIRMATIONS

(5) things I want to happen (in the present tense)

_____

_____

_____

_____

_____

- doodle my day -

- today I am committed -

 LOVE SMILE WATER MOVE SHINE

GRATITUDE

Date: _____

(5) things I am grateful for today (keep it simple)

_____

_____

_____

_____

_____

AFFIRMATIONS

(5) things I want to happen (in the present tense)

_____

_____

_____

_____

_____

- doodle my day -

- today I am committed -

LOVE   SMILE   WATER   MOVE   SHINE

GRATITUDE

Date: _____

(5) things I am grateful for today (keep it simple)

_____

_____

_____

_____

_____

AFFIRMATIONS

(5) things I want to happen (in the present tense)

_____

_____

_____

_____

_____

- doodle my day -

- today I am committed -

LOVE   SMILE   WATER   MOVE   SHINE

GRATITUDE

Date: _____

(5) things I am grateful for today (keep it simple)

_____

_____

_____

_____

_____

AFFIRMATIONS

(5) things I want to happen (in the present tense)

_____

_____

_____

_____

_____

- doodle my day -

- today I am committed -

LOVE   SMILE   WATER   MOVE   SHINE

GRATITUDE

(5) things I am grateful for today (keep it simple)

_____

_____

_____

_____

_____

AFFIRMATIONS

(5) things I want to happen (in the present tense)

_____

_____

_____

_____

_____

- doodle my day -

- today I am committed -

LOVE 　　SMILE 　　WATER 　　MOVE 　　SHINE

A FEW OF MY FAVORITE THINGS

Things that make me happy.

GRATITUDE

Date: _____

(5) things I am grateful for today (keep it simple)

_____

_____

_____

_____

_____

AFFIRMATIONS

(5) things I want to happen (in the present tense)

_____

_____

_____

_____

_____

- doodle my day -

- today I am committed -

LOVE   SMILE   WATER   MOVE   SHINE

GRATITUDE

Date: _____

(5) things I am grateful for today (keep it simple)

_____

_____

_____

_____

_____

AFFIRMATIONS

(5) things I want to happen (in the present tense)

_____

_____

_____

_____

_____

- doodle my day -

- today I am committed -

LOVE   SMILE   WATER   MOVE   SHINE

GRATITUDE

Date: _____

(5) things I am grateful for today (keep it simple)

_____

_____

_____

_____

_____

AFFIRMATIONS

(5) things I want to happen (in the present tense)

_____

_____

_____

_____

_____

- doodle my day -

- today I am committed -

LOVE   SMILE   WATER   MOVE   SHINE

GRATITUDE

Date: _____

(5) things I am grateful for today (keep it simple)

_____

_____

_____

_____

AFFIRMATIONS

(5) things I want to happen (in the present tense)

_____

_____

_____

_____

- doodle my day -

- today I am committed -

LOVE SMILE WATER MOVE SHINE

GRATITUDE

Date: _____

(5) things I am grateful for today (keep it simple)

_____

_____

_____

_____

AFFIRMATIONS

(5) things I want to happen (in the present tense)

_____

_____

_____

_____

- doodle my day -

- today I am committed -

LOVE   SMILE   WATER   MOVE   SHINE

GRATITUDE

Date: _____

(5) things I am grateful for today (keep it simple)

_____
_____
_____
_____
_____

AFFIRMATIONS

(5) things I want to happen (in the present tense)

_____
_____
_____
_____
_____

- doodle my day -

- today I am committed -

LOVE   SMILE   WATER   MOVE   SHINE

GRATITUDE

Date: _____

(5) things I am grateful for today (keep it simple)

_____

_____

_____

_____

_____

AFFIRMATIONS

(5) things I want to happen (in the present tense)

_____

_____

_____

_____

_____

- doodle my day -

- today I am committed -

LOVE   SMILE   WATER   MOVE   SHINE

GRATITUDE

Date: _____

(5) things I am grateful for today (keep it simple)

_____

_____

_____

_____

_____

AFFIRMATIONS

(5) things I want to happen (in the present tense)

_____

_____

_____

_____

_____

- doodle my day -

- today I am committed -

LOVE   SMILE   WATER   MOVE   SHINE

GRATITUDE

Date: _____

(5) things I am grateful for today (keep it simple)

_____

_____

_____

_____

_____

AFFIRMATIONS

(5) things I want to happen (in the present tense)

_____

_____

_____

_____

_____

- doodle my day -

- today I am committed -

LOVE SMILE WATER MOVE SHINE

GRATITUDE

Date: _____

(5) things I am grateful for today (keep it simple)

_____

_____

_____

_____

_____

AFFIRMATIONS

(5) things I want to happen (in the present tense)

_____

_____

_____

_____

_____

- doodle my day -

```
┌─────────────────────────────────────────┐
│                                           │
│                                           │
│                                           │
│                                           │
│                                           │
└─────────────────────────────────────────┘
```

- today I am committed -

LOVE   SMILE   WATER   MOVE   SHINE

GRATITUDE

Date: _____

(5) things I am grateful for today (keep it simple)

_____

_____

_____

_____

_____

AFFIRMATIONS

(5) things I want to happen (in the present tense)

_____

_____

_____

_____

_____

- doodle my day -

- today I am committed -

LOVE   SMILE   WATER   MOVE   SHINE

ACTS OF GRATITUDE

What can I do to show my appreciation.

GRATITUDE

Date: _____

(5) things I am grateful for today (keep it simple)

_____

_____

_____

_____

AFFIRMATIONS

(5) things I want to happen (in the present tense)

_____

_____

_____

_____

- doodle my day -

- today I am committed -

LOVE SMILE WATER MOVE SHINE

GRATITUDE

Date: _____

(5) things I am grateful for today (keep it simple)

_____

_____

_____

_____

_____

AFFIRMATIONS

(5) things I want to happen (in the present tense)

_____

_____

_____

_____

_____

- doodle my day -

- today I am committed -

LOVE   SMILE   WATER   MOVE   SHINE

GRATITUDE

Date: _____

(5) things I am grateful for today (keep it simple)

_____

_____

_____

_____

_____

AFFIRMATIONS

(5) things I want to happen (in the present tense)

_____

_____

_____

_____

_____

- doodle my day -

- today I am committed -

LOVE SMILE WATER MOVE SHINE

GRATITUDE

Date: _____

(5) things I am grateful for today (keep it simple)

_____

_____

_____

_____

AFFIRMATIONS

(5) things I want to happen (in the present tense)

_____

_____

_____

_____

- doodle my day -

- today I am committed -

LOVE   SMILE   WATER   MOVE   SHINE

GRATITUDE

Date: _____

(5) things I am grateful for today (keep it simple)

_____

_____

_____

_____

_____

AFFIRMATIONS

(5) things I want to happen (in the present tense)

_____

_____

_____

_____

_____

- doodle my day -

- today I am committed -

LOVE   SMILE    WATER   MOVE   SHINE

GRATITUDE

(5) things I am grateful for today (keep it simple)

_____

_____

_____

_____

AFFIRMATIONS

(5) things I want to happen (in the present tense)

_____

_____

_____

_____

- doodle my day -

- today I am committed -

LOVE   SMILE   WATER   MOVE   SHINE

GRATITUDE

Date: _____

(5) things I am grateful for today (keep it simple)

AFFIRMATIONS

(5) things I want to happen (in the present tense)

- doodle my day -

- today I am committed -

LOVE   SMILE   WATER   MOVE   SHINE

GRATITUDE

Date: _____

(5) things I am grateful for today (keep it simple)

_____

_____

_____

_____

_____

AFFIRMATIONS

(5) things I want to happen (in the present tense)

_____

_____

_____

_____

_____

- doodle my day -

- today I am committed -

LOVE   SMILE   WATER  MOVE   SHINE

GRATITUDE

Date: _____

(5) things I am grateful for today (keep it simple)

_____

_____

_____

_____

_____

AFFIRMATIONS

(5) things I want to happen (in the present tense)

_____

_____

_____

_____

_____

- doodle my day -

- today I am committed -

 LOVE SMILE WATER MOVE SHINE

GRATITUDE

Date: _____

(5) things I am grateful for today (keep it simple)

_____

_____

_____

_____

_____

AFFIRMATIONS

(5) things I want to happen (in the present tense)

_____

_____

_____

_____

_____

- doodle my day -

- today I am committed -

LOVE   SMILE   WATER   MOVE   SHINE

GRATITUDE

Date: _____

(5) things I am grateful for today (keep it simple)

_____

_____

_____

_____

_____

AFFIRMATIONS

(5) things I want to happen (in the present tense)

_____

_____

_____

_____

_____

- doodle my day -

- today I am committed -

LOVE   SMILE   WATER   MOVE   SHINE

PEOPLE I AM GRATEFUL FOR

The people I am ever so thankful for having in my life.

GRATITUDE

Date: _____

(5) things I am grateful for today (keep it simple)

_____
_____
_____
_____
_____

AFFIRMATIONS

(5) things I want to happen (in the present tense)

_____
_____
_____
_____
_____

- doodle my day -

- today I am committed -

LOVE   SMILE   WATER   MOVE   SHINE

GRATITUDE

Date: _____

(5) things I am grateful for today (keep it simple)

_____
_____
_____
_____
_____

AFFIRMATIONS

(5) things I want to happen (in the present tense)

_____
_____
_____
_____
_____

- doodle my day -

- today I am committed -

LOVE   SMILE   WATER   MOVE   SHINE

GRATITUDE

Date: _____

(5) things I am grateful for today (keep it simple)

_____

_____

_____

_____

_____

AFFIRMATIONS

(5) things I want to happen (in the present tense)

_____

_____

_____

_____

_____

- doodle my day -

- today I am committed -

LOVE   SMILE   WATER   MOVE   SHINE

GRATITUDE

Date: _____

(5) things I am grateful for today (keep it simple)

_____
_____
_____
_____
_____

AFFIRMATIONS

(5) things I want to happen (in the present tense)

_____
_____
_____
_____
_____

- doodle my day -

- today I am committed -

LOVE   SMILE   WATER   MOVE   SHINE

GRATITUDE

Date: _____

(5) things I am grateful for today (keep it simple)

_____

_____

_____

_____

AFFIRMATIONS

(5) things I want to happen (in the present tense)

_____

_____

_____

_____

- doodle my day -

- today I am committed -

LOVE   SMILE   WATER   MOVE   SHINE

GRATITUDE

Date: _____

(5) things I am grateful for today (keep it simple)

_____

_____

_____

_____

_____

AFFIRMATIONS

(5) things I want to happen (in the present tense)

_____

_____

_____

_____

_____

- doodle my day -

- today I am committed -

LOVE   SMILE   WATER   MOVE   SHINE

GRATITUDE

(5) things I am grateful for today (keep it simple)

_____

_____

_____

_____

_____

Date: _____

AFFIRMATIONS

(5) things I want to happen (in the present tense)

_____

_____

_____

_____

_____

- doodle my day -

- today I am committed -

LOVE   SMILE   WATER   MOVE   SHINE

GRATITUDE

Date: _____

(5) things I am grateful for today (keep it simple)

_____

_____

_____

_____

_____

AFFIRMATIONS

(5) things I want to happen (in the present tense)

_____

_____

_____

_____

_____

- doodle my day -

- today I am committed -

LOVE   SMILE   WATER   MOVE   SHINE

GRATITUDE

Date: _____

(5) things I am grateful for today (keep it simple)

_____
_____
_____
_____
_____

AFFIRMATIONS

(5) things I want to happen (in the present tense)

_____
_____
_____
_____
_____

- doodle my day -

- today I am committed -

LOVE SMILE WATER MOVE SHINE

GRATITUDE

Date: _____

(5) things I am grateful for today (keep it simple)

_____

_____

_____

_____

_____

AFFIRMATIONS

(5) things I want to happen (in the present tense)

_____

_____

_____

_____

_____

- doodle my day -

- today I am committed -

LOVE   SMILE   WATER   MOVE   SHINE

GRATITUDE

Date: _____

(5) things I am grateful for today (keep it simple)

_____

_____

_____

_____

_____

AFFIRMATIONS

(5) things I want to happen (in the present tense)

_____

_____

_____

_____

_____

- doodle my day -

- today I am committed -

LOVE   SMILE   WATER   MOVE   SHINE

GRATITUDE

Date: _____

(5) things I am grateful for today (keep it simple)

_____
_____
_____
_____
_____

AFFIRMATIONS

(5) things I want to happen (in the present tense)

_____
_____
_____
_____
_____

- doodle my day -

- today I am committed -

LOVE   SMILE   WATER   MOVE   SHINE

GRATITUDE

Date: _____

(5) things I am grateful for today (keep it simple)

_____

_____

_____

_____

_____

AFFIRMATIONS

(5) things I want to happen (in the present tense)

_____

_____

_____

_____

_____

- doodle my day -

- today I am committed -

LOVE   SMILE   WATER   MOVE   SHINE

PLACES I LOVE TO BE

Near or far these places bring me joy.

GRATITUDE

Date: _____

(5) things I am grateful for today (keep it simple)

_____

_____

_____

_____

_____

AFFIRMATIONS

(5) things I want to happen (in the present tense)

_____

_____

_____

_____

_____

- doodle my day -

- today I am committed -

LOVE SMILE WATER MOVE SHINE

GRATITUDE

Date: _____

(5) things I am grateful for today (keep it simple)

_____

_____

_____

_____

_____

AFFIRMATIONS

(5) things I want to happen (in the present tense)

_____

_____

_____

_____

_____

- doodle my day -

- today I am committed -

LOVE   SMILE   WATER   MOVE   SHINE

GRATITUDE

Date: _____

(5) things I am grateful for today (keep it simple)

_____

_____

_____

_____

AFFIRMATIONS

(5) things I want to happen (in the present tense)

_____

_____

_____

_____

- doodle my day -

- today I am committed -

LOVE   SMILE   WATER   MOVE   SHINE

GRATITUDE

Date: _____

(5) things I am grateful for today (keep it simple)

_____

_____

_____

_____

_____

AFFIRMATIONS

(5) things I want to happen (in the present tense)

_____

_____

_____

_____

_____

- doodle my day -

- today I am committed -

LOVE   SMILE   WATER   MOVE   SHINE

GRATITUDE

Date: _____

(5) things I am grateful for today (keep it simple)

_____

_____

_____

_____

_____

AFFIRMATIONS

(5) things I want to happen (in the present tense)

_____

_____

_____

_____

_____

- doodle my day -

- today I am committed -

LOVE   SMILE   WATER   MOVE   SHINE

GRATITUDE

Date: _____

(5) things I am grateful for today (keep it simple)

_____
_____
_____
_____
_____

AFFIRMATIONS

(5) things I want to happen (in the present tense)

_____
_____
_____
_____
_____

- doodle my day -

- today I am committed -

LOVE   SMILE   WATER   MOVE   SHINE

GRATITUDE

Date: _____

(5) things I am grateful for today (keep it simple)

_____

_____

_____

_____

_____

AFFIRMATIONS

(5) things I want to happen (in the present tense)

_____

_____

_____

_____

_____

- doodle my day -

- today I am committed -

LOVE   SMILE   WATER   MOVE   SHINE

GRATITUDE

Date: _____

(5) things I am grateful for today (keep it simple)

_____

_____

_____

_____

_____

AFFIRMATIONS

(5) things I want to happen (in the present tense)

_____

_____

_____

_____

_____

- doodle my day -

- today I am committed -

LOVE   SMILE   WATER   MOVE   SHINE

GRATITUDE

(5) things I am grateful for today (keep it simple)

_____

_____

_____

_____

AFFIRMATIONS

(5) things I want to happen (in the present tense)

_____

_____

_____

_____

- doodle my day -

- today I am committed -

LOVE   SMILE   WATER   MOVE   SHINE

GRATITUDE

Date: _____

(5) things I am grateful for today (keep it simple)

_____

_____

_____

_____

_____

AFFIRMATIONS

(5) things I want to happen (in the present tense)

_____

_____

_____

_____

_____

- doodle my day -

- today I am committed -

LOVE   SMILE   WATER   MOVE   SHINE

GRATITUDE

Date: _____

(5) things I am grateful for today (keep it simple)

_____

_____

_____

_____

AFFIRMATIONS

(5) things I want to happen (in the present tense)

_____

_____

_____

_____

- doodle my day -

+---+
| |
| |
| |
| |
| |
| |
+---+

- today I am committed -

LOVE   SMILE   WATER   MOVE   SHINE

GRATITUDE

Date: _____

(5) things I am grateful for today (keep it simple)

_____

_____

_____

_____

_____

AFFIRMATIONS

(5) things I want to happen (in the present tense)

_____

_____

_____

_____

_____

- doodle my day -

- today I am committed -

LOVE SMILE WATER MOVE SHINE

GRATITUDE

Date: _____

(5) things I am grateful for today (keep it simple)

_____

_____

_____

_____

_____

AFFIRMATIONS

(5) things I want to happen (in the present tense)

_____

_____

_____

_____

_____

- doodle my day -

- today I am committed -

LOVE   SMILE   WATER   MOVE   SHINE

ACTIVITIES THAT BRING ME JOY

What I truly love to do that makes me feel alive.

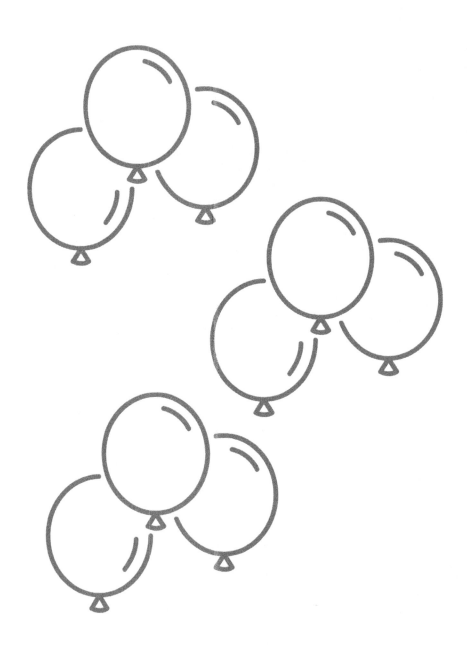

GRATITUDE

Date: _____

(5) things I am grateful for today (keep it simple)

_____

_____

_____

_____

_____

AFFIRMATIONS

(5) things I want to happen (in the present tense)

_____

_____

_____

_____

_____

- doodle my day -

- today I am committed -

LOVE   SMILE   WATER   MOVE   SHINE

GRATITUDE

Date: _____

(5) things I am grateful for today (keep it simple)

_____

_____

_____

_____

_____

AFFIRMATIONS

(5) things I want to happen (in the present tense)

_____

_____

_____

_____

_____

- doodle my day -

- today I am committed -

LOVE SMILE WATER MOVE SHINE

GRATITUDE

Date: _____

(5) things I am grateful for today (keep it simple)

_____

_____

_____

_____

_____

AFFIRMATIONS

(5) things I want to happen (in the present tense)

_____

_____

_____

_____

_____

- doodle my day -

- today I am committed -

LOVE   SMILE   WATER   MOVE   SHINE

GRATITUDE

(5) things I am grateful for today (keep it simple)

_____

_____

_____

_____

_____

AFFIRMATIONS

(5) things I want to happen (in the present tense)

_____

_____

_____

_____

_____

- doodle my day -

- today I am committed -

LOVE SMILE WATER MOVE SHINE

GRATITUDE

Date: _____

(5) things I am grateful for today (keep it simple)

_____

_____

_____

_____

_____

AFFIRMATIONS

(5) things I want to happen (in the present tense)

_____

_____

_____

_____

_____

- doodle my day -

- today I am committed -

LOVE SMILE WATER MOVE SHINE

GRATITUDE

Date: _____

(5) things I am grateful for today (keep it simple)

_____

_____

_____

_____

_____

AFFIRMATIONS

(5) things I want to happen (in the present tense)

_____

_____

_____

_____

_____

- doodle my day -

- today I am committed -

LOVE   SMILE   WATER   MOVE   SHINE

GRATITUDE

Date: _____

(5) things I am grateful for today (keep it simple)

_____

_____

_____

_____

_____

AFFIRMATIONS

(5) things I want to happen (in the present tense)

_____

_____

_____

_____

_____

- doodle my day -

- today I am committed -

LOVE SMILE WATER MOVE SHINE

GRATITUDE

Date: _____

(5) things I am grateful for today (keep it simple)

_____
_____
_____
_____
_____

AFFIRMATIONS

(5) things I want to happen (in the present tense)

_____
_____
_____
_____
_____

- doodle my day -

- today I am committed -

LOVE   SMILE   WATER   MOVE   SHINE

GRATITUDE

Date: _____

(5) things I am grateful for today (keep it simple)

_____

_____

_____

_____

AFFIRMATIONS

(5) things I want to happen (in the present tense)

_____

_____

_____

_____

- doodle my day -

- today I am committed -

LOVE   SMILE   WATER   MOVE   SHINE

GRATITUDE

Date: _____

(5) things I am grateful for today (keep it simple)

_____

_____

_____

_____

AFFIRMATIONS

(5) things I want to happen (in the present tense)

_____

_____

_____

_____

- doodle my day -

- today I am committed -

LOVE   SMILE   WATER   MOVE   SHINE

GRATITUDE

Date: _____

(5) things I am grateful for today (keep it simple)

_____

_____

_____

_____

_____

AFFIRMATIONS

(5) things I want to happen (in the present tense)

_____

_____

_____

_____

_____

- doodle my day -

- today I am committed -

LOVE   SMILE   WATER  MOVE   SHINE

GRATITUDE

Date: _____

(5) things I am grateful for today (keep it simple)

_____

_____

_____

_____

_____

AFFIRMATIONS

(5) things I want to happen (in the present tense)

_____

_____

_____

_____

_____

- doodle my day -

- today I am committed -

LOVE   SMILE   WATER   MOVE   SHINE

GRATITUDE

Date: _____

(5) things I am grateful for today (keep it simple)

_____

_____

_____

_____

_____

AFFIRMATIONS

(5) things I want to happen (in the present tense)

_____

_____

_____

_____

_____

- doodle my day -

- today I am committed -

LOVE   SMILE   WATER    MOVE   SHINE

SIMPLE PLEASURES

It really is the little things that matter.

GRATITUDE

Date: _____

(5) things I am grateful for today (keep it simple)

_____

_____

_____

_____

_____

AFFIRMATIONS

(5) things I want to happen (in the present tense)

_____

_____

_____

_____

_____

- doodle my day -

- today I am committed -

LOVE   SMILE   WATER   MOVE   SHINE

GRATITUDE

Date: _____

(5) things I am grateful for today (keep it simple)

_____

_____

_____

_____

_____

AFFIRMATIONS

(5) things I want to happen (in the present tense)

_____

_____

_____

_____

_____

- doodle my day -

- today I am committed -

LOVE   SMILE   WATER   MOVE   SHINE

GRATITUDE

Date: _____

(5) things I am grateful for today (keep it simple)

_____

_____

_____

_____

_____

AFFIRMATIONS

(5) things I want to happen (in the present tense)

_____

_____

_____

_____

_____

- doodle my day -

- today I am committed -

LOVE   SMILE   WATER   MOVE   SHINE

GRATITUDE

Date: _____

(5) things I am grateful for today (keep it simple)

_____

_____

_____

_____

_____

AFFIRMATIONS

(5) things I want to happen (in the present tense)

_____

_____

_____

_____

_____

- doodle my day -

- today I am committed -

LOVE   SMILE   WATER   MOVE   SHINE

GRATITUDE

Date: _____

(5) things I am grateful for today (keep it simple)

_____

_____

_____

_____

_____

AFFIRMATIONS

(5) things I want to happen (in the present tense)

_____

_____

_____

_____

_____

- doodle my day -

- today I am committed -

LOVE   SMILE   WATER   MOVE   SHINE

GRATITUDE

Date: _____

(5) things I am grateful for today (keep it simple)

_____

_____

_____

_____

_____

AFFIRMATIONS

(5) things I want to happen (in the present tense)

_____

_____

_____

_____

_____

- doodle my day -

- today I am committed -

LOVE   SMILE   WATER   MOVE   SHINE

GRATITUDE

Date: _____

(5) things I am grateful for today (keep it simple)

_____

_____

_____

_____

_____

AFFIRMATIONS

(5) things I want to happen (in the present tense)

_____

_____

_____

_____

_____

- doodle my day -

- today I am committed -

LOVE   SMILE   WATER   MOVE   SHINE

GRATITUDE

Date: _____

(5) things I am grateful for today (keep it simple)

_____

_____

_____

_____

_____

AFFIRMATIONS

(5) things I want to happen (in the present tense)

_____

_____

_____

_____

_____

- doodle my day -

- today I am committed -

LOVE SMILE WATER MOVE SHINE

GRATITUDE

Date: _____

(5) things I am grateful for today (keep it simple)

_____

_____

_____

_____

_____

AFFIRMATIONS

(5) things I want to happen (in the present tense)

_____

_____

_____

_____

_____

- doodle my day -

- today I am committed -

LOVE   SMILE   WATER   MOVE   SHINE

GRATITUDE

Date: _____

(5) things I am grateful for today (keep it simple)

_____
_____
_____
_____
_____

AFFIRMATIONS

(5) things I want to happen (in the present tense)

_____
_____
_____
_____
_____

- doodle my day -

- today I am committed -

LOVE   SMILE   WATER   MOVE   SHINE

GRATITUDE

Date: _____

(5) things I am grateful for today (keep it simple)

_____
_____
_____
_____
_____

AFFIRMATIONS

(5) things I want to happen (in the present tense)

_____
_____
_____
_____
_____

- doodle my day -

- today I am committed -

LOVE   SMILE   WATER   MOVE   SHINE

EVERYDAY THANKSGIVING

It isn't just one day a year.

GRATITUDE

Date: _____

(5) things I am grateful for today (keep it simple)

_____
_____
_____
_____
_____

AFFIRMATIONS

(5) things I want to happen (in the present tense)

_____
_____
_____
_____
_____

- doodle my day -

- today I am committed -

LOVE   SMILE   WATER   MOVE   SHINE

GRATITUDE

Date: _____

(5) things I am grateful for today (keep it simple)

_____

_____

_____

_____

_____

AFFIRMATIONS

(5) things I want to happen (in the present tense)

_____

_____

_____

_____

_____

- doodle my day -

- today I am committed -

LOVE   SMILE   WATER   MOVE   SHINE

GRATITUDE

(5) things I am grateful for today (keep it simple)

_____

_____

_____

_____

_____

AFFIRMATIONS

(5) things I want to happen (in the present tense)

_____

_____

_____

_____

_____

- doodle my day -

- today I am committed -

LOVE   SMILE   WATER   MOVE   SHINE

GRATITUDE

Date: _____

(5) things I am grateful for today (keep it simple)

_____

_____

_____

_____

_____

AFFIRMATIONS

(5) things I want to happen (in the present tense)

_____

_____

_____

_____

_____

- doodle my day -

- today I am committed -

LOVE   SMILE   WATER   MOVE   SHINE

GRATITUDE

Date: _____

(5) things I am grateful for today (keep it simple)

_____

_____

_____

_____

_____

AFFIRMATIONS

(5) things I want to happen (in the present tense)

_____

_____

_____

_____

_____

- doodle my day -

- today I am committed -

LOVE   SMILE   WATER   MOVE   SHINE

GRATITUDE

Date: _____

(5) things I am grateful for today (keep it simple)

AFFIRMATIONS

(5) things I want to happen (in the present tense)

- doodle my day -

- today I am committed -

LOVE 　　SMILE 　　WATER 　　MOVE 　　SHINE

GRATITUDE

Date: _____

(5) things I am grateful for today (keep it simple)

_____

_____

_____

_____

_____

AFFIRMATIONS

(5) things I want to happen (in the present tense)

_____

_____

_____

_____

_____

- doodle my day -

- today I am committed -

LOVE   SMILE   WATER   MOVE   SHINE

GRATITUDE

Date: _____

(5) things I am grateful for today (keep it simple)

_____

_____

_____

_____

_____

AFFIRMATIONS

(5) things I want to happen (in the present tense)

_____

_____

_____

_____

_____

- doodle my day -

- today I am committed -

LOVE   SMILE   WATER   MOVE   SHINE

GRATITUDE

Date: _____

(5) things I am grateful for today (keep it simple)

_____

_____

_____

_____

_____

AFFIRMATIONS

(5) things I want to happen (in the present tense)

_____

_____

_____

_____

_____

- doodle my day -

- today I am committed -

LOVE   SMILE   WATER   MOVE   SHINE

GRATITUDE

(5) things I am grateful for today (keep it simple)

_____

_____

_____

_____

_____

AFFIRMATIONS

(5) things I want to happen (in the present tense)

_____

_____

_____

_____

_____

- doodle my day -

- today I am committed -

LOVE   SMILE   WATER   MOVE   SHINE

GRATITUDE

Date: _____

(5) things I am grateful for today (keep it simple)

_____

_____

_____

_____

_____

AFFIRMATIONS

(5) things I want to happen (in the present tense)

_____

_____

_____

_____

_____

- doodle my day -

- today I am committed -

LOVE   SMILE   WATER   MOVE   SHINE

EASY LIKE SUNDAY MORNING

Write a letter of appreciation
to someone you love.

GRATITUDE

Date: _____

(5) things I am grateful for today (keep it simple)

_____

_____

_____

_____

_____

AFFIRMATIONS

(5) things I want to happen (in the present tense)

_____

_____

_____

_____

_____

- doodle my day -

- today I am committed -

LOVE   SMILE   WATER   MOVE   SHINE

GRATITUDE

(5) things I am grateful for today (keep it simple)

_____

_____

_____

_____

_____

AFFIRMATIONS

(5) things I want to happen (in the present tense)

_____

_____

_____

_____

_____

- doodle my day -

- today I am committed -

LOVE   SMILE   WATER   MOVE   SHINE

Date: _____

GRATITUDE

Date: _____

(5) things I am grateful for today (keep it simple)

AFFIRMATIONS

(5) things I want to happen (in the present tense)

- doodle my day -

- today I am committed -

LOVE   SMILE   WATER   MOVE   SHINE

GRATITUDE

Date: _____

(5) things I am grateful for today (keep it simple)

_____
_____
_____
_____
_____

AFFIRMATIONS

(5) things I want to happen (in the present tense)

_____
_____
_____
_____
_____

- doodle my day -

- today I am committed -

LOVE   SMILE   WATER   MOVE   SHINE

GRATITUDE

Date: _____

(5) things I am grateful for today (keep it simple)

_____

_____

_____

_____

_____

AFFIRMATIONS

(5) things I want to happen (in the present tense)

_____

_____

_____

_____

_____

- doodle my day -

- today I am committed -

LOVE   SMILE   WATER   MOVE   SHINE

GRATITUDE

Date: _____

(5) things I am grateful for today (keep it simple)

_____

_____

_____

_____

_____

AFFIRMATIONS

(5) things I want to happen (in the present tense)

_____

_____

_____

_____

_____

- doodle my day -

- today I am committed -

LOVE 　SMILE 　WATER 　MOVE 　SHINE

GRATITUDE

Date: _____

(5) things I am grateful for today (keep it simple)

_____

_____

_____

_____

_____

AFFIRMATIONS

(5) things I want to happen (in the present tense)

_____

_____

_____

_____

_____

- doodle my day -

- today I am committed -

LOVE   SMILE   WATER   MOVE   SHINE

GRATITUDE

Date: _____

(5) things I am grateful for today (keep it simple)

_____

_____

_____

_____

_____

AFFIRMATIONS

(5) things I want to happen (in the present tense)

_____

_____

_____

_____

_____

- doodle my day -

- today I am committed -

LOVE   SMILE   WATER   MOVE   SHINE

GRATITUDE

(5) things I am grateful for today (keep it simple)

_____

_____

_____

_____

_____

AFFIRMATIONS

(5) things I want to happen (in the present tense)

_____

_____

_____

_____

_____

- doodle my day -

- today I am committed -

 LOVE SMILE WATER MOVE SHINE

HOW I AM FEELING

I will accept how I feel in this moment.

GRATITUDE

Date: _____

(5) things I am grateful for today (keep it simple)

_____

_____

_____

_____

_____

AFFIRMATIONS

(5) things I want to happen (in the present tense)

_____

_____

_____

_____

_____

- doodle my day -

[   ]

- today I am committed -

LOVE   SMILE   WATER   MOVE   SHINE

GRATITUDE

Date: _____

(5) things I am grateful for today (keep it simple)

_____

_____

_____

_____

AFFIRMATIONS

(5) things I want to happen (in the present tense)

_____

_____

_____

_____

- doodle my day -

- today I am committed -

LOVE SMILE WATER MOVE SHINE

GRATITUDE

Date: _____

(5) things I am grateful for today (keep it simple)

_____

_____

_____

_____

_____

AFFIRMATIONS

(5) things I want to happen (in the present tense)

_____

_____

_____

_____

_____

- doodle my day -

- today I am committed -

LOVE   SMILE   WATER   MOVE   SHINE

GRATITUDE

Date: _____

(5) things I am grateful for today (keep it simple)

_____

_____

_____

_____

_____

AFFIRMATIONS

(5) things I want to happen (in the present tense)

_____

_____

_____

_____

_____

- doodle my day -

- today I am committed -

LOVE   SMILE   WATER   MOVE   SHINE

GRATITUDE

Date: _____

(5) things I am grateful for today (keep it simple)

_____

_____

_____

_____

AFFIRMATIONS

(5) things I want to happen (in the present tense)

_____

_____

_____

_____

- doodle my day -

- today I am committed -

LOVE SMILE WATER MOVE SHINE

GRATITUDE

Date: _____

(5) things I am grateful for today (keep it simple)

_____

_____

_____

_____

_____

AFFIRMATIONS

(5) things I want to happen (in the present tense)

_____

_____

_____

_____

_____

- doodle my day -

- today I am committed -

LOVE   SMILE   WATER   MOVE   SHINE

GRATITUDE

Date: _____

(5) things I am grateful for today (keep it simple)

_____
_____
_____
_____
_____

AFFIRMATIONS

(5) things I want to happen (in the present tense)

_____
_____
_____
_____
_____

- doodle my day -

- today I am committed -

LOVE 　　SMILE 　　WATER 　　MOVE 　　SHINE

GRATITUDE

Date: _____

(5) things I am grateful for today (keep it simple)

_____

_____

_____

_____

_____

AFFIRMATIONS

(5) things I want to happen (in the present tense)

_____

_____

_____

_____

_____

- doodle my day -

- today I am committed -

LOVE SMILE WATER MOVE SHINE

GRATITUDE

(5) things I am grateful for today (keep it simple)

_____

_____

_____

_____

_____

AFFIRMATIONS

(5) things I want to happen (in the present tense)

_____

_____

_____

_____

_____

- doodle my day -

- today I am committed -

LOVE   SMILE   WATER   MOVE   SHINE

THE 5 SENSES

What I see, feel, hear, smell, taste
in this moment...

GRATITUDE

Date: _____

(5) things I am grateful for today (keep it simple)

_____

_____

_____

_____

_____

AFFIRMATIONS

(5) things I want to happen (in the present tense)

_____

_____

_____

_____

_____

- doodle my day -

- today I am committed -

LOVE   SMILE   WATER   MOVE   SHINE

GRATITUDE

Date: _____

(5) things I am grateful for today (keep it simple)

_____

_____

_____

_____

_____

AFFIRMATIONS

(5) things I want to happen (in the present tense)

_____

_____

_____

_____

_____

- doodle my day -

- today I am committed -

LOVE   SMILE   WATER   MOVE   SHINE

GRATITUDE

Date: _____

(5) things I am grateful for today (keep it simple)

_____

_____

_____

_____

_____

AFFIRMATIONS

(5) things I want to happen (in the present tense)

_____

_____

_____

_____

_____

- doodle my day -

- today I am committed -

LOVE   SMILE   WATER   MOVE   SHINE

INTENTIONS - THIS YEAR
- making room for what matters most -

personal

family/love

financial

home

work

anything else

Made in the USA
Coppell, TX
13 January 2022

71502188R00072